財務省
ザイムちゃん

外務省
ガイムっち

文部科学省
モンカ先生

コクどん

国土交通省

防衛省
ボーエざえもん

環境省
カンきょん

いちばんわかる！日本の省庁ナビ 2
内閣府・総務省

監修：出雲明子

ポプラ社

省庁って、なんだろう？

内閣

- 安全保障会議
- 人事院
- 内閣法制局

防衛省	環境省	国土交通省	経済産業省	農林水産省	厚生労働省	文部科学省
防衛装備庁	原子力規制委員会	観光庁／気象庁／運輸安全委員会／海上保安庁	中小企業庁／資源エネルギー庁／特許庁	林野庁／水産庁	中央労働委員会	スポーツ庁／文化庁

※復興庁は、東日本大震災から10年をむかえる2021年までに廃止されることになっている。

みなさんはニュースなどで、「財務省」や「消費者庁」のような、「省」や「庁」がつく機関の名前を聞いたことはありませんか？ これらの「省庁」は、わたしたち国民が安心してゆたかなくらしを送れるように、さまざまな仕事をおこなっている国の役所です。

日本には、それぞれ役割がことなる内閣府と11の省のほか、さまざまな庁や委員会があります。この「いちばんわかる！日本の省庁ナビ」シリーズでは、各省庁の仕事をわかりやすく解説します。

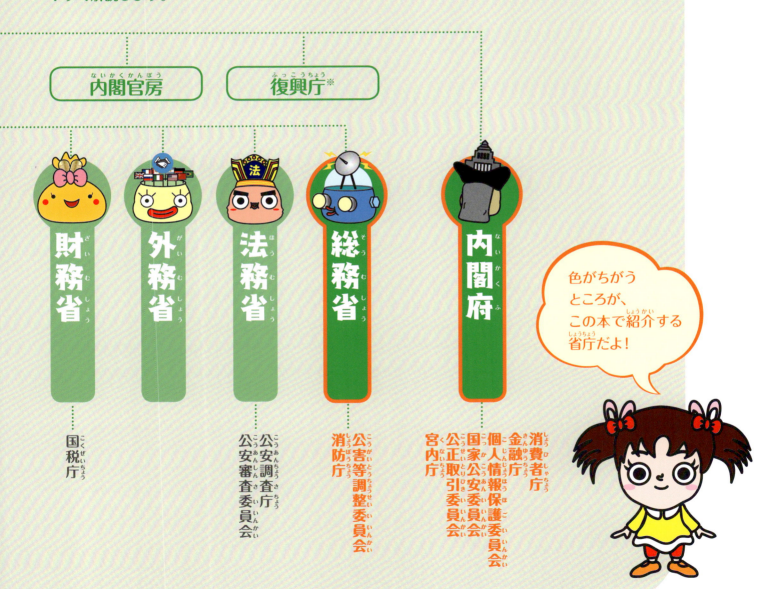

色がちがうところが、この本で紹介する省庁だよ！

いちばんわかる！日本の省庁ナビ 2

内閣府・総務省

もくじ

省庁って、なんだろう？……2

第1章 内閣府の仕事……7

内閣府ってどんなところ？……8
経済の進むべき道を考え、きめる……10
科学技術推進などの「司令塔」……12
全国の警察をとりまとめる　警察庁……14
天皇や皇室の仕事を助ける　宮内庁……16
金融機関の仕事を監視する　金融庁……18
消費者の権利を守る　消費者庁……20
国民の個人情報を守る……22
そのほかの内閣府の仕事……24

資料ページ

内閣府 データを見てみよう……26
内閣府 なんでも Q&A……29
内閣府のこと、もっと知りたいなら……30

第2章 総務省の仕事……31

総務省ってどんなところ？……32
日本を世界に誇れる「ICT」の国に……34
各省庁の仕事をしやすくする……36
政策を評価・改善する……38
統計で日本の「いま」を調べる……40
地方の「元気」を応援する……42
地方の財源を考える……44
地域の安心・安全をささえる 消防庁……46
そのほかの総務省の仕事……48

資料ページ
総務省 データを見てみよう……50
総務省 なんでもQ&A……53
総務省のこと、もっと知りたいなら……54
さくいん……55

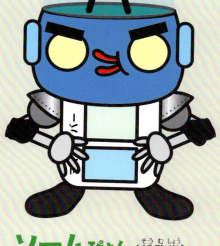

「このぼく、ナイカくんが、みんなをサポートするよ。」

「わたしはソームぴょんです。みんな、よろしくね。」

ナイカくん（内閣府）
ねばり強い性格で、みんなをかげからささえる「縁の下の力もち」。
趣味：お手伝い
苦手なもの：早起き
好きなことば：石の上にも三年

ソームぴょん（総務省）
流行に敏感で、いろいろな情報をキャッチする。意外と手先も器用。
趣味：工作
苦手なもの：球技
好きなことば：論より証拠

「この巻では、この2人が教えてくれるんだね！」

「内閣府と総務省では、どんな仕事をしているのかな？」

第1章
内閣府の仕事

内閣府ってどんなところ？

内閣府の仕事

内閣をサポートする役所

ニュースなどで、「総理」や「総理大臣」というのを聞いたことがあると思います。これらはいずれも「内閣総理大臣」を略したもので、「内閣」とは内閣総理大臣と国務大臣（各省庁のトップの人たちなど）をひとまとめにしたよび名です。この内閣をサポートする国の役所が、内閣府です。内閣府は、内閣総理大臣がリーダーシップをとって進める仕事を担当しています。

たとえば、国全体の災害対策は、一つの省庁が担当するには大きすぎる問題なので、内閣府が担当しています。そして、そのために関係する省庁のあいだを調整するのも、内閣府の仕事です。では、内閣府には、外務省の外務大臣、法務省の法務大臣のように「内閣府大臣」がいるのでしょうか。実は、いません。総理大臣が内閣府のトップもかねているからです。

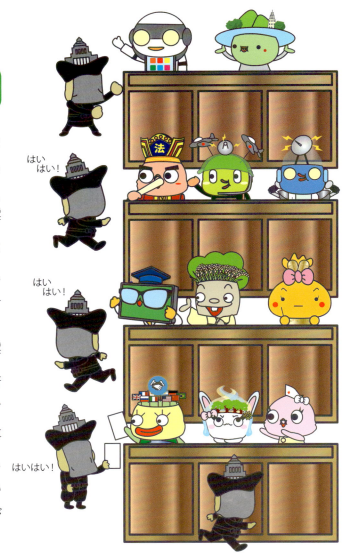

内閣府の仕事

　内閣府には「内閣府大臣」はいませんが、実は大臣がたくさんいます。というのも、国全体の大きな問題を解決するための「特命担当大臣」たちが、内閣府で仕事をしているからです。
　たとえば、少子化対策は重要な仕事であるため、その問題をになう特命担当大臣が任命されています。2011年の東日本大震災にともなう「福島第一原発事故」を受けて、原子力防災特命担当大臣もおかれるようになりました。
　全国の警察組織を管理したり、金融機関が法律やルールを守っているかを監視したりするのも内閣府の役割です。国家や公共に貢献した人を、政府が表彰していますが（叙勲）、これも内閣府の仕事の一つです。
　こうしたはば広い内閣府の仕事を、一つひとつ見ていきましょう。

経済の進むべき道を考え、きめる

「今後の日本の経済をどうするか」を考えるのは、内閣府の重要な役割の一つです。次の年だけではなく、5年後、10年後の未来まで見すえた計画を立てています。

内閣府の仕事

会議をくりかえし、方針をきめる

日本という国の「お金のつかいみち（予算）」の計画を立てるのは、財務省の仕事です。でも、その計画は、内閣総理大臣を中心とした内閣府がきめる方針にもとづいています。「日本という国を、経済の面でどのような方向に進ませるべきか？」という計画（「経済財政政策」といいます）を立てるのが内閣府のたいせつな仕事の一つです。その仕事を担当する内閣府は「経済財政政策特命担当大臣」が中心となって、内閣総理大臣をサポートしています。

方針をきめるまでには、月2回くらいのペースで会議が重ねられていきます。それが、内閣府でひらかれる「経済財政諮問会議」です。中心となる「議長」は内閣総理大臣がつとめ、内閣官房長官や関係のある省の大臣、民間の専門家なども参加します。

会議と調査を何度もつづけていき、毎年11月下旬〜12月上旬には「予算編成の基本方針」というものが取りまとめられます。これが、翌年の日本経済の進む方向と、国のお金のつかいみちを大まかにしめす方針となります。

諮問とは「専門家などに意見をもとめる」という意味。民間の専門家の声も政策に反映させることを目的としてはじまった会議なんだ。

経済財政諮問会議にのぞむ安倍晋三内閣総理大臣（中央）。

未来を見通した長期計画も立てる

内閣府が方針をきめるのは、翌年の経済政策だけではありません。もっと未来の、5～10年先を見すえた日本の経済を考え、そのための国のお金のつかいかたの方針をきめています。

そのために、内閣府では日本や海外の経済についての調査や分析を、つねにおこなっています。そして、月に1回、調査した内容をまとめた報告書をつくり、さらに年に1回、その年の日本経済の動きをまとめた『経済財政白書』というものをつくります。

この『経済財政白書』は、日本の景気の動きを判断するためのたいせつな資料で、そのおもな内容は、毎年、新聞やテレビなどでも広く報じられます。

また、日本の各地方の経済の動きについても、内閣府はつねに調べています。日本全体を12の地域に分けて経済の動きを調べた報告を、3か月に1回発表しています。これも、景気の動きを判断するうえで重要な資料となります。

日本経済の未来を考える内閣府の役割

- 翌年の日本経済の進む方向をしめす。
- 年に1回、その年の経済の動きをまとめた『経済財政白書』を作成する。
- 5～10年くらい先を見すえた経済財政政策の方針をきめる。
- 日本を12の地域ブロックに分けて経済の動きを調べた報告を3か月に一度発表する。

日本経済の道筋をしめすのが、内閣府の大きな役割なんだね。

内閣府の仕事

科学技術推進などの「司令塔」

内閣府は、新しい科学技術による日本の発展をサポートし、地震などの自然災害から国民を守る対策を推進しています。まさに、「司令塔」のような役割をはたしているのです。

内閣府の仕事

日本の未来のためのプログラム

新しい技術を発明したり、いまある技術の新しいつかいかたを発見したりすることを、「イノベーション」といいます。内閣府は、このイノベーションを推し進めるため、科学技術に関係のある省（文部科学省、経済産業省など）の動きをまとめる「司令塔」としての役割をもっています。

内閣府では、内閣総理大臣が議長となり、科学技術に関係のある省の大臣や、民間の科学技術の専門家などが集まって会議がひらかれています。

この会議によって、むこう5年間の計画が立てられ、これが日本の科学技術政策の基本となっていきます。たとえば、日本が現在かかえる課題について考え、解決方法をさぐるなどしています。

日本がかかえているおもな課題

ガソリンなどにかわる新しいエネルギーの開発。

人工知能（AI）技術の開発。

自動車の自動運転技術の開発。

海にある鉱物資源を効率よく調査する技術の開発。

こうした課題を解決することが、日本の将来にとって大事なんだね。

災害対策を推進する

日本は地震などの自然災害の多い国で、昔から災害対策が重んじられてきました。内閣府は、この災害対策についても司令塔の役割をはたしています。

たとえば、「南海トラフ地震」や「首都直下型地震」など、近い将来におきることが予想されている大きな地震については、内閣府が予防対策から災害発生後の対応までをふくめたマスタープラン(基本的な計画)をつくっています。

また、国や地方自治体の職員を対象に、防災の専門知識を身につけてもらうための研修もつづけています。つまり、「防災のための人材育成」も内閣府の役割の一つなのです。

もちろん、実際に災害が発生したときにも、内閣府が司令塔になります。災害が発生すると、内閣府は関係する省庁の担当者を集めて「災害対策会議」をひらき、「政府調査団」を被災地に派遣します。また、内閣総理大臣を本部長として、内閣全体がかかわる「非常災害対策本部」を立ちあげます。

東日本大震災で福島第一原子力発電所の事故がおきた2011年以来、原子力防災対策をもっと強めるための仕事も、内閣府のたいせつな役割になりました。

内閣府の仕事

南海トラフ沿いでおきる巨大地震が「南海トラフ地震」。トラフは海底にある大地のみぞのことだよ。

東京やその周辺の地域、相模トラフ沿いなどでおきる巨大地震が「首都直下型地震」なんだって！

13

全国の警察をとりまとめる 警察庁

日本の警察組織全体の管理をしているのが、「警察庁」です。似たような名前の警視庁という組織もありますが、いったいどのようにちがうのでしょうか。

内閣府の仕事

「警視庁」とはちがう「警察庁」

みなさんがくらしている町には、警察官がはたらく「交番」や「警察署」があると思います。こうした地域の安全を守る警察をまとめているのが、47の都道府県ごとに設置された「県警」「府警」「道警」です。たとえば、神奈川県なら「神奈川県警」、大阪府なら「大阪府警」ですが、東京都の警察だけは「東京都警」とはよばず、「警視庁」という名前がついています。

こうした日本の警察組織全体を指揮監督しているのが、内閣府の中にある「警察庁」です。警察庁は国がおこなう防犯対策を進めたり、警察全体の規則をつくったりしています。

警察庁と警視庁はよく似たことばですが、役割がちがうことをおぼえておきましょう。東京都内でおきた事件の捜査などをおこなう警察組織が、「警視庁」。テレビの刑事ドラマに出てくるような、犯罪捜査に走りまわる「刑事さん」がはたらいているのは、警視庁のほうです。

警察庁の職員が、事件現場に行って犯人を逮捕したりすることはありません。

警察庁と警視庁ってどんな組織?

警察庁
日本の警察組織全体をとりまとめる。国としての防犯対策を進めたり、警察全体の規則をつくっている。

警視庁
東京都内でおきた事件の捜査などをおこなう。刑事ドラマに出てくる、犯罪捜査をする「刑事さん」や「警察官」がはたらくのは警視庁。

警察庁を管理する国家公安委員会

警察庁は、内閣府の中にある「国家公安委員会」に設置された特別の機関です。

警察は、とても大きな権力をもった組織。もしもその警察組織がまちがった運営をされたり、よくないやりかたで利用されたりしたらたいへんです。そこで国家公安委員会が、警察庁をしっかりと「管理」しているのです。国家公安委員長は、内閣の一員の国務大臣がつとめます。

管理というと、一つひとつの事件捜査について、国家公安委員会が警察を指揮してやらせているようなイメージを思いうかべるかもしれませんが、そうではありません。「警察が正しくみんなのために仕事をしているか」を監視するのが、国家公安委員会なのです。

「公安」というのは、「公共の安寧（治安）」を略したことばで、人びとが安全にくらせるように社会の秩序をたもつことを意味します。つまり、国家公安委員会も、国民の安全を守るための機関といえます。

天皇や皇室の仕事を助ける　宮内庁

東京都のほぼ真ん中に、広い敷地をもつ「皇居」があります。天皇の住まいがある場所ですが、同じ敷地の中に、内閣府の機関「宮内庁」があります。

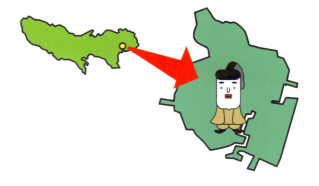

内閣府の仕事

天皇をさまざまな面でサポート

皇居にある宮内庁は、内閣府におかれている機関の一つです。

宮内庁は、皇室の仕事や、天皇の「国事行為」、また皇室がおこなうさまざまな儀式にかかわる事務をおこなう庁です。国事行為とは、日本国憲法に定められた天皇の仕事や役割のことです。

事務をおこなうだけではなく、天皇と皇族（天皇の親族）の生活そのものをささえることも、宮内庁の役割です。

たとえば、宮内庁の「大膳課」という部署は、天皇の毎日の食事や、皇居や宮殿でおこなわれる行事のパーティーで出される料理を用意する役割をになっています。また、天皇の健康管理をになう役割として、宮内庁には医師や看護師もいます。

宮内庁の仕事は、ほかにもたくさんあります。たとえば、奈良市の東大寺にある皇室の宝物をおさめた倉庫「正倉院」を管理することも、宮内庁の仕事の一つです。

そして、天皇が国事行為として文書におす印鑑である「御璽」と、国にとってのたいせつな文書におす“国の印鑑”である「国璽」を保管することも、宮内庁の役割です。

皇居の敷地内にある宮内庁。

宮内庁には、天皇の食事をつくる部署もあるんだね。

国事行為にはどんなものがある?

天皇は政治的な権力をもっていないから、国事行為には「内閣の助言と承認」が必要なんだ。

内閣総理大臣が交代したとき、皇居に新しい総理が出むいて、天皇からの任命を受ける場面を、みなさんもニュースで見たことがあるのではないでしょうか。これは、「内閣総理大臣の任命」が、天皇の国事行為の一つとして定められているためです。

ほかには、最高裁判所の長官を任命すること、国会を召集すること、法律や条約を公布する（国民に広く知らせる）こと、栄典（文化勲章など）を授与すること、外国の代表者として日本にくる大使・公使を受け入れることなどが、国事行為として定められています。

ただし、天皇は国の政治にかかわる権力をもっていませんから、これらの国事行為は「内閣の助言と承認」にもとづいておこなわれます。

つまり、天皇自身が内閣総理大臣や勲章をあたえる相手をきめたりすることは、いっさいないのです。

おもな国事行為

国会の指名にもとづいて内閣総理大臣を任命する。

法律、政令、条約を公布する。

外国の大使・公使を受け入れる。

国会を招集する。

内閣府の仕事

金融機関の仕事を監視する　金融庁

銀行や証券会社、保険会社などの金融機関が正しく仕事をしているかを管理する組織が、金融庁です。金融庁が生まれたきっかけは、1990年代に日本が経験した「金融危機」でした。

内閣府の仕事

「金融危機」の反省から生まれた

お金の貸し借りや支払いなど、お金をめぐるやりとり全般のことを「金融」といいます。そのような金融をおもな仕事にしているのが、「銀行」や株の売買などをおこなう「証券会社」などの「金融機関」です。そして、この金融にたずさわる国の役所が、内閣府の中にある「金融庁」です。

日本には、お金にかかわることをあつかう財務省という役所もあります。実は、昔は金融に関する国の仕事は大蔵省（現在の財務省）がとりしきっていました。

日本では1990年代に、銀行や証券会社がつぎつぎとつぶれる「金融危機」がおきました。この経済的な大事件は、さかんになった土地の取り引きをおさえようとして、大蔵省が金融機関にまちがった指示をしてしまったためにおきました。そのため、「国のお金を管理する財政と市場でお金のやりとりをする金融をひきはなしたほうがいい」という声が高まり、金融機関を監督する金融庁が、大蔵省と切りはなされた形で2000年に誕生したのです。

おもな金融機関

お金をあずかったり、貸したりする銀行。

株式市場の株などを売買する証券会社。

集めた保険料を保険金としてはらう保険会社。

これ以外にも、信用金庫、信用組合も、お金を貸し借りしているから金融機関なんだって！

金融行政を一手にとりしきる

金融庁の仕事は第一に、日本全国にたくさんある金融機関を監視・監督することです。そのために、金融機関の業務が正しく法律やルールを守っておこなわれているかどうかを検査しています。

たとえば、金融庁の中には「証券取引等監視委員会」というものがおかれています。これは、証券会社などが不正な取り引きや不適切な行為をおこなっていないかを監視するための組織で、「市場の番人」ともよばれています。

金融庁はそのような検査・監督の仕事だけではなく、金融についての法律を改正するなど、日本の金融制度をよい方向にかえるための役割もになっています。

金融のルールを守っているかを監視・監督しているのが金融庁なんだね。

内閣府の仕事

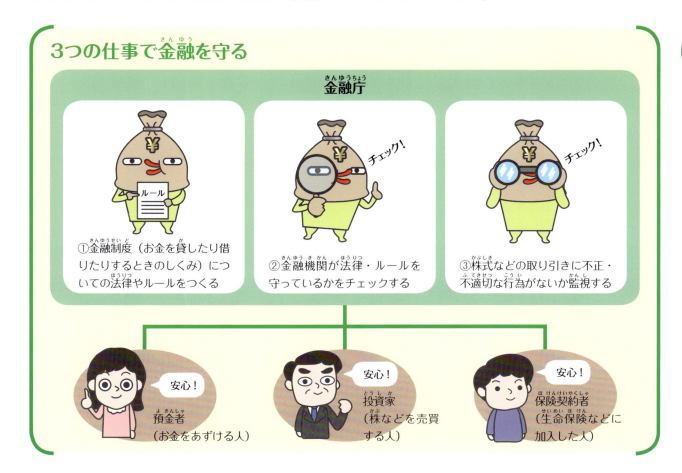

3つの仕事で金融を守る

金融庁

①金融制度（お金を貸したり借りたりするときのしくみ）についての法律やルールをつくる

②金融機関が法律・ルールを守っているかをチェックする

③株式などの取り引きに不正・不適切な行為がないか監視する

預金者（お金をあずける人）　安心！

投資家（株などを売買する人）　安心！

保険契約者（生命保険などに加入した人）　安心！

消費者の権利を守る　消費者庁

わたしたちがふだん商品やサービスを安心して購入できるのは、それらに問題がないかをしっかりと監視・監督している消費者庁が存在するおかげです。

内閣府の仕事

悪い会社などからみんなを守る

「消費」とは、お金をはらって商品を買ったり、何かのサービスを受けたりすることをいいます。「消費者」とは、そのような消費をするわたしたちのことです。

たとえば、質の悪い品物を、高い値段で売ってお金をもうけている悪い企業（会社）があっ

消費者庁は、消費者の安全を守るために2009年に生まれたんだ。

たとします。そういう会社がそのままになっていると、わたしたちは安心して生活できません。そこで国としては、その会社の悪いところを直したりするための「しくみ」をつくらないといけません。

そのしくみづくりをおこなっているのが、内閣府の中にある消費者庁です。

消費者庁ができるまで、消費者の安全を守るための仕事は、ほかの多くの省庁がバラバラに担当していました。そのため、食品による中毒死事件などがおきて、いくつかの省庁が協力して対策を立てなければならないとき、どうしても対応がおそくなってしまったのです。そこで、「消費者にかかわる問題を、まとめてあつかう役所が必要だ」という声があがり生まれたのが、消費者庁です。

「消費」ってどういうこと？

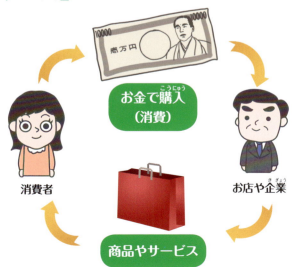

消費者行政の「司令塔」

では、消費者が安心してものやサービスを買ったりつかったりするために、消費者庁はどのようなしくみをつくっているのでしょうか。

消費者庁の第一の仕事は、消費者被害の防止です。消費者や企業、行政機関から「○○という商品でけがをした」といった事故の情報を集めて原因を調べ、消費者に注意をよびかけるとともに、各省庁に問題のあった業界へ再発防止の対応をしてもらうようにはたらきかけたりします。

消費者の安全を確保するための法律をととのえるのも消費者庁の役目です。訪問販売や通信販売などのルールを定めた「特定商取引法」、いきすぎた景品の提供や大げさ・うその表示宣伝を禁止する「景品表示法」、工業製品の国の標準規格を定めた「JIS法」などによって、悪質商法や偽装表示などをふせいでいます。

消費者庁のさまざまな仕事を実際におこなう"手足"となるのが、消費者庁が関係する「国民生活センター」です。

国民生活センターは、消費者と消費者庁をむすぶ窓口として、事故情報の通報や相談を受けています。また、商品テストをしたり、消費者の安全を守るためのさまざまな情報を国民に広く知らせたりすることも仕事にしています。

内閣府の仕事

国民の個人情報を守る

インターネットでの「個人情報」の流出が、ニュースで報じられることがあります。こうした事態をふせぐため、大事な個人情報を守っているのが、「個人情報保護委員会」です。

内閣府の仕事

個人情報が悪用される!?

みなさんは「個人情報」ということばを聞いたことがあるでしょうか。

個人情報とは、「その人がだれなのかがわかる情報」のこと。たとえば、名前だけではその人がどこのだれなのかはわかりませんが、生年月日や住所などのほかの情報と組みあわせた場合、だれなのかが特定できてしまいます。「そのような情報の取りあつかいには、きびしいルールをもうけましょう」ということで、2005年に施行（法律などが実施されること）されたのが、「個人情報保護法」です。

たとえば、あなたがインターネットの通販で品物を買ったとします。その品物を配送してもらうためには、あなたの名前・住所・電話番号をお店に伝えないといけません。お店がその個人情報をその品物の配送以外につかうことは、法律で禁じられています。そうしないと、個人情報をほかのお店に売られたり、犯罪につかわれたりするなど、知らないうちに悪用されるおそれがあるからです。

個人情報は守らないと悪用される！

いろいろな情報が組みあわされると、だれなのかがわかってしまう。

個人情報を買ったお店が勝手に広告やチラシを送りつけてくるなどの被害が出る。

個人情報保護委員会の仕事

この個人情報保護法にもとづいて、内閣府の中につくられたのが、「個人情報保護委員会」です。

日本では2016年から、国民一人ひとりに12けたの番号をわりあてる「マイナンバー制度」がスタートしました。税金を集めたり、社会保障のサービスをおこなったりする際の個人情報の管理をしやすくするための制度ですが、このマイナンバーは個人情報そのものです。個人情報保護委員会は、マイナンバーが正しく取りあつかわれるためのさまざまな業務をおこなっています。

また、「個人情報保護法相談ダイヤル」というものも運営していて、全国からよせられる、個人情報に関するさまざまな相談に、電話で答えています。

個人情報の厳重な管理がもとめられるのは、大きな会社や組織だけではありません。小さな店など、お客さんが少ない業者であっても、同じようにルールを守らないといけません。しかし、小さい会社やお店の経営者などは個人情報のあつかいの判断にこまることが少なくありません。そのような場合、個人情報保護委員会が正しい取りあつかいかたを指導したり、相談に乗ったりします。

もちろん、会社などが個人情報を違法に外部にもらしていないかなどを監視し、流出事件がおきたときにそれに対処することも、個人情報保護委員会の仕事です。

内閣府の仕事

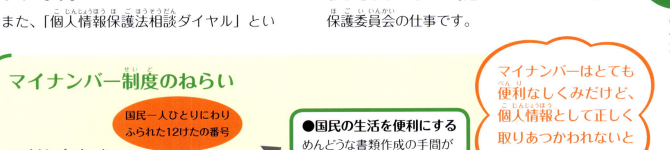

マイナンバー制度のねらい

国民一人ひとりにわりふられた12けたの番号

マイナンバーカード

●国民の生活を便利にする
めんどうな書類作成の手間がへる。

●行政の効率をよくする
行政の手続きが、早く正確になる。

●公平な社会を実現する
税金を公平に集め、年金などを確実に給付する。

マイナンバーはとても便利なしくみだけど、個人情報として正しく取りあつかわれないとだめなんだ。

そのほかの内閣府の仕事

内閣府は、これまで説明してきた仕事以外にも、さまざまな役割をになっています。どのような役割をもっているのか、その代表的なものをいくつか紹介しましょう。

内閣府の仕事

会社の「監視」も内閣府の役割

わたしたちがふだん、物やサービスを適切な値段で買えるのは、その物やサービスをあつかっている会社と会社のあいだで公正な競争があるからです。

しかし、たとえばみなさんがつかっているノートの製造や販売を1つの会社がひとりじめしてしまったらどうでしょう。高い値段がつけられてもその会社のノートを買うしかなくなります。そうしたことがおきないためにある法律が「独占禁止法」です。

内閣府の中にある「公正取引委員会」は、この独占禁止法にもとづいて、それに違反した企業に改善を命じたり、罰金（「課徴金」といいます）をはらうように命令したりといった処分をおこないます。また、「あの企業は独占禁止法に違反していますよ」という告発を受けて、それがほんとうかどうか調査することも、委員会の仕事です。

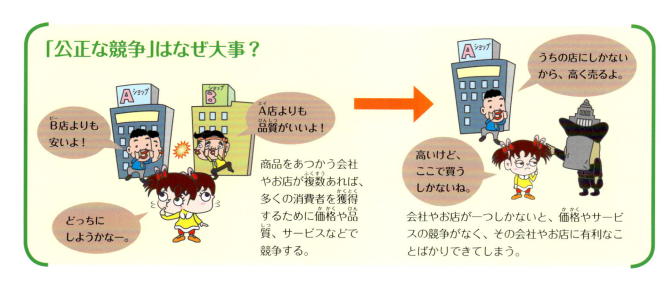

北方領土と沖縄への対応

日本の政府が長いあいだとりくんできたのが、北方領土問題と沖縄県への対応です。

「北方領土」とは、北海道のさらに東にある、択捉島・国後島・歯舞群島・色丹島のことです。もともと日本の領土ですが、1945年に太平洋戦争に負けたときソビエト連邦（現在のロシア）の軍隊に占領され、70年以上がたったいまもそのままになっています。

そこで日本政府は、北方領土を返してもらおうと、ロシアと交渉をつづけています。この北方領土問題の解決を担当しているのが、内閣府におかれた「北方対策本部」です。

また、沖縄県は日本が太平洋戦争で負けたあと、長いあいだアメリカによっておさめられていました。1972年にようやく日本に返還されましたが、それ以後もアメリカ軍の基地が沖縄県におかれたままです。そのような事情があるため、日本は沖縄県に対して、ほかの県とはちがう特別の政策をとってきました。

いまその特別な政策を担当しているのが、内閣府の「沖縄総合事務局」や、内閣府が管理する特殊法人（国の行政の仕事の一部を代行する組織）「沖縄振興開発金融公庫」などです。

北方領土の位置

オレンジ色の部分が、ロシアとの領土問題がのこる「北方四島」だよ。

勲章を審査し、授与する

「文化勲章」や春と秋の「叙勲」（勲章をさずけること）など、日本政府として、さまざまな分野で大きな業績をのこした人に対して勲章を贈る制度があります。

その勲章についてのさまざまな事務をおこなっているのが、内閣府の「賞勲局」という部署です。「どの人にどの勲章を贈るべきだろうか？」という審査をすることも、賞勲局の役割です。また、一般の人たちが「この人は叙勲にふさわしいですよ」と推薦することもできます。この推薦を受けて、賞勲局はその人がほんとうにふさわしいかを調べます。

内閣府の仕事

内閣府　データを見てみよう

内閣府は、日本の経済を考えたり、警察をまとめたり、さまざまな役割をもっています。ここでは、内閣府にかかわるさまざまなデータを見ていきましょう。

> 成長率の数値が高いほど、経済が成長しているということだよ。

日本の経済を知るためのおもなデータ

日本の経済の未来を考えるのは、内閣府の大事な仕事です。内閣府は日本経済に関するさまざまな調査や分析をおこない、公表しています。

左下のグラフは、日本のGDP（国内総生産）の成長率をしめしたものです。名目GDPとは、ある期間に、国内で生産されたサービスや製品などの付加価値の合計。実質GDPとは、そこから物価の影響を取りのぞいた値です。経済がどれだけ成長しているのかを知るには、実質GDPの成長率を確認するのが一般的です。

2016年度の実質GDPの成長率は1.2％でしたが、2018年度は1.8％になると予想しています。

右下のグラフは、完全失業率と雇用者数(会社にやとわれている人の数)をあらわしています。完全失業率とは、はたらく世代の人口に占める失業者(はたらく意思があっても職につけない人)の割合で、低いほど景気がいいと考えられます。

2016年度は3％でしたが、2018年度は2.7％にまでへると予想されています。

内閣府の仕事

日本のGDP成長率の移りかわり

完全失業率と雇用者数

資料:内閣府「平成30年度の経済見通しと経済財政運営の基本的態度」

警察庁と都道府県警の規模は？

日本の警察組織には、警察庁と都道府県警察をあわせて約30万人もの職員がいます。

警察庁は約8000人で、そのうち約900人は天皇や皇族の安全を守ったり、皇居などの警備にあたる「皇宮護衛官」です。

日本全国の地域の安全を守る都道府県警察の職員は、のこりの約29万人です。都道府県警察の警察官は2001年から2016年までに約3万人ふえ、犯罪をへらし、治安を守ることに大きな貢献をしています。

また近年、日本の警察が積極的にとりくんでいるのが、女性警察官の採用です。

都道府県警察ではたらく女性の警察官は、2008年には1万3000人あまりで、全体に占める割合は5.4％でした。それが、2017年には2万3000人をこえ、割合も8.9％にまでふえています。

女性の警察官の採用が、どんどんふえているんだね。

警察職員の数

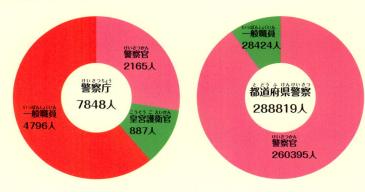

都道府県警察の女性警察官の数

資料：警察庁「平成29年版　警察白書」

内閣府の仕事

内閣府の仕事

商品などに関する相談はどれだけある?

　内閣府の消費者庁が関係する「国民生活センター」などには、商品やサービスに関するさまざまな相談がよせられます。その件数は、88万7000件（2016年度）にのぼります。

　命にかかわる重大な事故がおきたとして、国民生活センターなどから消費者庁に通知された件数は1286件。その多くは「火災」で、自動車や家電製品、スマートフォンなどから火が出て、火災につながったケースなどがあります。いっぽう、財産（お金）の被害を受けたとして消費者庁に通知された件数は7281件でした。消費者庁では、こうした情報をもとに、問題のある会社に注意し、改善をよびかけています。

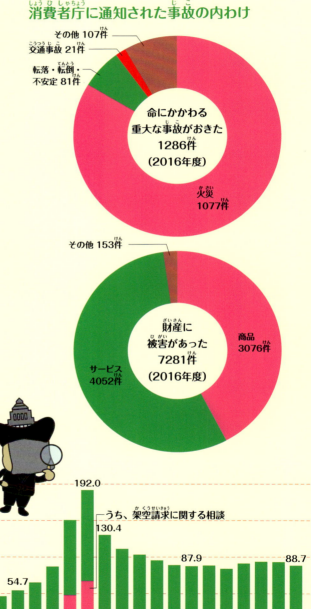

消費者庁に通知された事故の内わけ

その他 107件
交通事故 21件
転落・転倒・不安定 81件

命にかかわる重大な事故がおきた
1286件
（2016年度）

火災 1077件

その他 153件

財産に被害があった
7281件
（2016年度）

サービス 4052件
商品 3076件

消費生活相談件数

架空請求とは、身におぼえのない商品やサービスのお金を請求されることだよ。

うち、架空請求に関する相談

4.9　16.5　27.4　54.7　192.0　130.4　87.9　88.7

1984　1990　1995　2000　2004　2005　2010　2016年度

資料:消費者庁「平成29年版　消費者白書」

内閣府 なんでもQ&A

これまでのページで学んだこと以外にも、内閣府についてのいろいろな疑問をたずねてみましょう。

内閣府は、いつ、どうやってできたの？

総理府と経済企画庁、沖縄開発庁、国土庁防災局が統合して、2001年に誕生したよ。「内閣」の機能を強めるためにつくられたんだ。

首相官邸と内閣府をむすぶ地下通路があるってほんとう？

首相官邸でひらかれる内閣の会議「閣議」には、たくさんの資料が必要だし、外にもらしちゃいけない大事な情報も多いんだ。だから、職員が行き来しやすいように、官邸と内閣府は地下でむすばれているんだって！

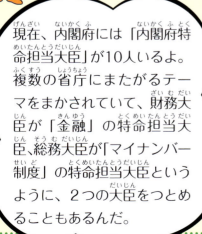

内閣府に大臣は何人くらいいるの？

現在、内閣府には「内閣府特命担当大臣」が10人いるよ。複数の省庁にまたがるテーマをまかされていて、財務大臣が「金融」の特命担当大臣、総務大臣が「マイナンバー制度」の特命担当大臣というように、2つの大臣をつとめることもあるんだ。

個人情報について、ぼくたちはどんなことに気をつければいいの？

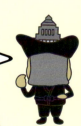

知らない人に、自分の名前や住所、学校名などを教えないようにしよう。ほかにも、お父さんやお母さん、友だちの個人情報もむやみに教えてはだめだよ！ 悪い人に個人情報を知られないように、ふだんから注意しよう。

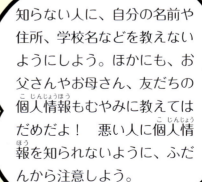

内閣府の仕事

内閣府のこと、もっと知りたいなら

内閣府についてさらに深く知りたい人のために、内閣府の仕事にかかわる本やホームページ、見学できる施設などを紹介します。

わからないことは、施設の人に問い合わせてみるのもいいね。

オススメの本

『安全を守る仕事② 警察』

国土社編集部／編
国土社

写真やイラストを豊富につかい、国民の安全を守る警察の仕事についてくわしく解説している本。

オススメのホームページ

キッズボックス
http://www.fsc.go.jp/kids-box
内閣府の機関である食品安全委員会の子どもむけサイト。食べものの知識や安全などについて、わかりやすく紹介している。

おしえて！ どっきん!!
http://www.jftc.go.jp/kids
わたしたちのくらしを守る「独占禁止法」について、まんがやクイズなどで学べる。

オススメの施設

宮内庁三の丸尚蔵館
皇居にある、宮内庁が管理する博物館。皇室に伝わる絵画や工芸品、書など約9800点を保存・管理して、一般にも公開している。
住所：東京都千代田区千代田1-1
電話：03-3213-1111

宮内庁三の丸尚蔵館の外観。

警察博物館
日本の警察のはじまりから現在までの歴史資料を展示する、警視庁（東京都）の博物館。実物のパトカーや白バイなども展示され、楽しく警察の活動を学べる。
住所：東京都中央区京橋3-5-1
電話：03-3581-4321

内閣府の仕事

第2章
総務省の仕事

総務省ってどんなところ？

総務省の仕事

日本の根幹をささえる省庁

「総務省」と聞いて、みなさんはどのような仕事をしている省庁か、イメージできるでしょうか。ニュースなどでその名前を耳にしたことがある人は多いかもしれません。でも、どのような役目をはたしている省庁か、答えられる人は少ないのではないでしょうか。

総務省は「総て」を「務める」という文字のとおり、日本の経済や生活にかかわるさまざまな制度やしくみをつくり、日本を根元からささえている省庁です。

たとえば、国民が便利にくらすために「ハイテク」な社会をつくって、わたしたちが安心して毎日の生活を送れるように、いろいろな仕事をしています。

総務省は、実はわたしたちのとても身近なところで活躍しているのです。

総務省の仕事

　日本は、生まれる子どもがへりお年よりがふえる「少子高齢化」が世界の中でも進んでいる国です。人口も減少がはじまっていて、2050年には現在の約1億2700万人から9500万人にまでへると考えられています。

　これまでなかったほどの少子高齢・人口減少社会をむかえた日本が、これからもゆたかな国でありつづけるには、時代にあわせて行政（国の仕事）のやり方も柔軟にかえていかなくてはいけません。

　総務省はそんな日本の"いま"と"未来"を見すえて、「行政はどうあるべきか？」「国と地方のあり方はどうあるべきか？」といったさまざまな課題にむきあっています。行政制度の管理や運営、地方が元気になる応援、全国の消防のまとめ役、ICT（情報通信技術）の普及のあとおしなど、総務省のさまざまな仕事を紹介していきましょう。

日本を世界に誇れる「ICT」の国に

わたしたちのくらしは、科学技術の進歩とともにゆたかになってきました。総務省は新しい技術の普及を応援して、日本を元気にしようと考えています。

総務省の仕事

ICTの進歩をあとおしする

携帯電話やスマートフォンをつかって、だれでも気軽にインターネットで情報を入手したり、コミュニケーションをとったり……。いまでは当たり前のことですが、20〜30年前までは想像すらできないことでした。

こうした進歩をささえているのが、ICT（情報通信技術）。ICTとは携帯電話やメール、インターネット、放送などの情報・通信に関する技術のことです。

日本は今後さらに少子高齢化が進み、はたらく人の数がへっていくと考えられています。そんな中、総務省は今後の日本の経済をささえる大きな力としてICTに注目しています。農林水産業や医療、介護、教育など、はば広い分野でICTがつかわれる便利な社会をめざし、ICTの研究開発や普及を全力であとおししています。

ICTをつかいこなすには、ICTを利用するための環境がととのっていなければいけません。総務省はICTを安心・安全に利用するための新しいルールづくりを進めています。

> むずかしく思うかもしれないけれど、ICTはみんなのまわりにたくさんあるよ。

ICTはわたしたちにとって身近な技術

友だちにメッセージを送る。

インターネットで買いものをする。

ICカードで電車に乗る。

銀行にあずけたお金を引き出す。

2020年を見すえて

2020年、東京でオリンピック・パラリンピックが開催されます。政府は日本にやってくる外国人のためにも、最高のICT環境をととのえようと考えていますが、総務省でもさまざまなとりくみを進めています。

その一つが、「音声翻訳」です。これまで、日本語を話せない外国人が日本人と会話するときは、人間が通訳をするのがふつうでした。総務省は、ICTの技術を活用し、スマートフォンなどを用いて、英語や中国語、韓国語などの言語が自動で日本語に翻訳される技術の開発をあとおし。「ことばの壁」がない社会の実現をめざしています。

2020年を目標に、いろんなとりくみを進めているんだね。

ほかにも、電子看板をタッチすると、さまざまな言語の観光情報や道案内が表示されたり、外国人観光客の名前やパスポート情報などをSUICAのような交通用のICカードにひもづけして、「ピッ」とタッチするだけでホテルにチェックインできたりといったサービスの実験をおこなっています。

総務省は、こうした新しい技術をオリンピック後に、日本人にとっても便利なサービスとしてつかえるようにしたいと考えています。

総務省の仕事

2020年にむけた総務省のおもなとりくみ

世界のおもな10言語の生活会話レベルの翻訳ができる技術を実現して、「ことばの壁」を取りはらう。

電子看板で多言語の観光情報・道案内などを提供。

現在のハイビジョン放送よりも画質のよい4K・8K放送の環境を整備して広める。

現在よりも速い通信のしくみ「5G」を整備し、普及をサポート。

各省庁の仕事をしやすくする

総務省は、すべての省庁がおこなう行政サービスを、国民に便利に利用してもらえるように、さまざまなサポートをしています。

総務省の仕事

行政の効率化をあとおし

日本は少子高齢化が進み、今後人口もへっていきます。そんな中で行政の質をたもち、よりよくしていくためには、各省庁をより効率的に運営していく必要があります。総務省は省庁の仕事のむだをはぶき、行政サービスが国民にとってもより便利になるようにサポートしています。

なかでも総務省が積極的にとりくんでいるのが、高度な「電子政府」づくりです。電子政府とは、ICT（情報通信技術）を行政のあらゆる分野にいかす試みです。たとえば、各省庁がインターネット上で提供する行政情報を一つにまとめたポータルサイト「e-Gov」を運営し、国民がかんたんに知りたい情報を調べられるようにしています。

2016年にスタートした「マイナンバー制度（→23ページ）」もそうしたとりくみの一つ。総務省はマイナンバーが記載されたマイナンバーカードをつかってもらうことで、行政サービスの手続きをへらし、国や地方にとっても、国民にとっても効率的で便利にすることをめざしています。

「e-Gav」のホームページ。直接出むかなくても、さまざまな申請や届け出ができる。

国民にとってよりよい行政とは何かを、総務省は考えているんだね。

独立行政法人制度の運営

　各省庁がおこなう事業のうち、大学や博物館、病院、研究機関など、独立して運営したほうが効率的に業務をおこなえる部門を分離して、独立させた組織を、「独立行政法人」といいます。総務省は、こうした独立行政法人に関する共通の制度を考え、新しく独立行政法人を設立するときの審査もおこなっています。

　総務省に設置された「独立行政法人評価制度委員会」では、各省庁の大臣がおこなう独立行政法人の目標決定や業績の評価、組織や業務の見直しを、第三者の公平な視点でチェックしています。

おもな独立行政法人

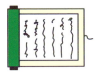

国立公文書館
（内閣府から独立）
重要な歴史資料を保存・管理する。

宇宙航空研究開発機構
（文部科学省から独立）
宇宙航空分野の研究や開発をおこなう。

国立がん研究センター
（厚生労働省から独立）
がんなどの病気の研究や診療をおこなう。

国立印刷局
（財務省から独立）
紙幣や切手、パスポートなどの印刷をおこなう。

独立行政法人は2017年時点で、全部で87あるよ。

総務省の仕事

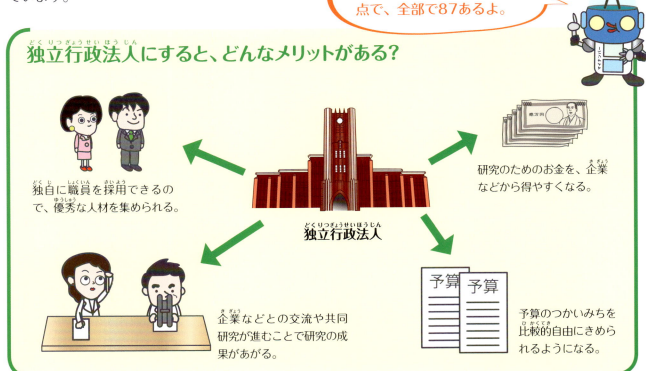

独立行政法人にすると、どんなメリットがある？

- 独自に職員を採用できるので、優秀な人材を集められる。
- 研究のためのお金を、企業などから得やすくなる。
- 企業などとの交流や共同研究が進むことで研究の成果があがる。
- 予算のつかいみちを比較的自由にきめられるようになる。

独立行政法人

政策を評価・改善する

総務省は、各省庁が進める政策がきちんとおこなわれているかをきびしい目でチェック。国民からの声にも耳をかたむけ、行政をよりよくしようとしています。

国民の声

総務省の仕事

きびしい目で行政をチェック

各省庁の政策がきちんと進められているかは、政策を考えて実施する省庁みずからが評価するのが基本です。しかしそれだけでは、どうしても評価があまくなってしまうことがあります。

そこで総務省は、どのような観点で評価をおこなうべきか、方法や考え方を各省庁に伝えています。政策の評価のポイントは「政策の目的がほんとうに国民の願いを実現させるものか」「つかわれた費用に見合った効果があったか」「期待された効果があったか」の3つです。

そのうえで、各省庁がおこなった評価を確認し、各省庁の政策が国民のためにきちんと役に立っているのかを、第三者の視点から点検します。また、政策が複数の省庁にわたる場合も、一つの省庁だけでは評価できないため、総務省が評価をおこなっています。

評価の結果、もっと高い効果が出るように、政策の見直しをすることもあります。また、こうした結果は、新しい政策の企画・立案にも役立てられています。

政策評価の役割

政策が効果的に進められているか、各省庁がみずから評価する。

各省庁が評価した政策がほんとうに国民の役に立っているかを、総務省がチェックする。

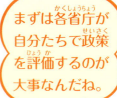
まずは各省庁が自分たちで政策を評価するのが大事なんだね。

国民から行政への意見を聞く

相談や調査を通じて、行政の仕事ぶりを改善するんだ！

「道路に危険な場所がある」「バス停に路線図がないのでわかりづらい」など、わたしたちのくらしの中にはさまざまな不便があります。総務省は国民から行政などへの苦情や意見、要望を受けつけています。このような要望を「行政相談」といい、公正で中立な立場から問題を解決し、よりよい行政サービスになるようなとりくみをしています。

行政相談は、医療保険や年金、社会福祉、雇用、道路、交通機関についてなど、さまざまな分野の相談に対応しています。

行政相談は、各地にある管区行政評価局や行政評価事務所のほか、住民の身近な相談窓口として、全国約5000人の行政相談委員などが受けつけています。2016年度に相談を受けた件数は、約16万4000件。こうした多くの声を聞き、行政の改善につなげているのです。

行政相談委員制度は、民間人（行政相談委員）がボランティアで国民から苦情を受けつけるという、世界的にもユニークな制度。海外からも大きな関心がよせられています。

総務省の仕事

行政相談のおもな内容

医療保険や年金の相談／雇用や労働に関する相談／国道の整備・修繕などの相談／社会福祉に関する相談／交通機関に関する相談／手続きや申請をどこにしたらいいのかの相談

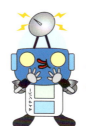

統計で日本の「いま」を調べる

総務省は、日本の社会・経済に関するさまざまな統計をとっています。この統計は、日本の「いま」を知り、未来を考える上でたいせつな資料となっています。

総務省の仕事

社会を映すさまざまな統計

総務省では、日本の社会や経済の状況を知るため、いろいろな分野の統計をとっています。統計とは、ある集団の特徴を数字で見ていくというもの。たとえばみなさんが学校で受けたテストの点数を集めて平均点を出すのも統計の一種です。

代表的な統計調査が、5年ごとにおこなわれている「国勢調査」と「経済センサス」です。

国勢調査は、日本に住んでいるすべての人・世帯を対象に1920年からおこなわれているもっとも基本的な統計調査です。国民の年齢や家族構成、仕事や住まいの状況などを明らかにするためのもので、約2年後に結果が公表されます。

経済センサスは、2009年からおこなわれている調査で、企業の仕事の内容やはたらく人の数などを調べています。

統計は総務省の「統計局」という部署が担当しているよ。

総務省がつくるおもな統計

人口に関する基本的な統計
「国勢調査」（5年ごと）など

家計の実態を明らかにする統計
「家計調査」（毎月）など

企業などに関する統計
「経済センサス」（5年ごと）など

国民の労働について明らかにする調査
「労働力調査」（毎月）など

統計データを広く提供する

総務省の統計調査の結果は、国や地方自治体が行政の政策を考える際の大事な資料として利用されるほか、民間の企業や大学などの研究機関でも活用されています。

最近では、統計の情報を利用するケースがふえ、利用者のニーズも多様化しています。そこで統計局は各省庁が作成・公表している統計データをインターネット上で提供する「政府統計の総合窓口（e-Stat）」を開設。政府の統計に関するさまざまな情報をまとめて見られるようにしています。

また、統計データをはば広く利用してもらうため、つかいやすい統計データの提供にもとりくんでいます。

その試みの一つが、ウェブサイトの「統計ダッシュボード」です。各省庁が作成する約5000もの統計データを「人口・世帯」や「労働・賃金」などの17の分野に整理し、グラフなどにして、見た目にもわかりやすくしています。

ほかにも統計局のホームページ上で、子どもむけの「統計学習サイト」や社会人むけの「データサイエンス・スクール」など、統計をつかう人のための学びの場も提供しています。

総務省の仕事

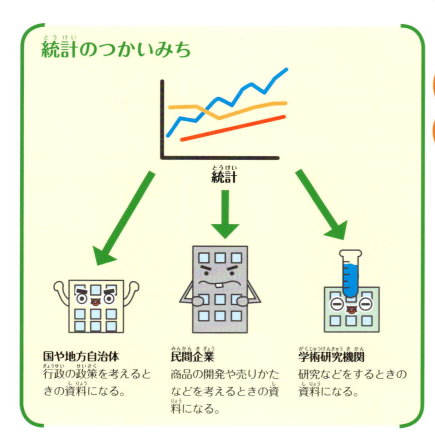

統計はグラフにすると、とてもわかりやすくなるんだね。

グラフをつかって統計がまとめられた「統計ダッシュボード」のウェブサイト。

地方の「元気」を応援する

時代にあわせて「国」と「地方」の関係をかえていくことは、総務省の重要な使命です。ゆたかな日本をつくるため、元気な地方づくりを応援しています。

総務省の仕事

地方分権の推進

国がおこなっていた仕事を地方（都道府県や市区町村）にまかせて、その地域にあったやりかたにしていくことを「地方分権」といいます。

日本はこれまで、国が大きな権限とお金をもつ傾向にありましたが、人口減少や少子高齢化などによりそれまで通りではうまくいかないことも出てきて、行政にもとめられることも地域によってかわってきています。こうした状況に対応していくために国と地方の役割分担を見直し、地域のことはその地域にくらす人がみずから判断する方向へと、やりかたをかえていくとりくみが進んでいます。

こうした方針のもと、国から地方自治体、都道府県から市区町村へ、事務や権限の移譲（ゆずり移すこと）などを進めていくことも総務省の仕事です。

また、「電子自治体」の推進も総務省の重要なとりくみの一つです。地方自治体がICT（情報通信技術）を活用して効率的な仕事や住民サービスが提供できるように、電子システムをつくったり、セキュリティ対策などに関して、さまざまな支援をおこなったりしています。

「地方分権」とは？

国が多くの権限やお金をもち、地域の権限やお金が少ないと、地域にあったサービスを提供できない可能性がある。

地方分権

国から地方に権限やお金を移譲することで、地域にあったきめ細かなサービスを提供できるようになる。

地方分権が進むことで、地方が自分で考え、自分で行動するようにうながすことができるんだ！

雇用を生んで地方の経済を元気に

地方分権を進めるため、総務省はさまざまなとりくみを通じて、元気な地域づくりをめざして地方の活動を応援しています。

その一つが、地方ではたらくための仕事をつくることで人をよびこみ、人が集まることでさらなる仕事を生みだそうという「地域経済好循環推進プロジェクト」です。

総務省では若者むけに、地域で一定期間はたらきながら、その地域のくらしを学ぶことをサポートする「ふるさとワーキングホリデー」などのとりくみを展開して、地域経済を元気にし

地方分権を進めるには、地域に元気があることが大事なんだね。

ようとしています。

さらに、研修を充実させたり、起業支援などをおこなったりして、すぐれた人材が地域に定着して活躍できる環境づくりを進めています。

地方と外国の国際交流をあとおししたり、地方公務員制度を整備したりするのも総務省の仕事です。みんながくらしやすい地方になるように、総務省ははば広い活動を進めています。

総務省の仕事

地域経済好循環推進プロジェクトのおもな内容

一定期間はたらきながら、その地域のくらしを学ぶ。

買いものの支援など、地域のくらしをささえる仕事をつくる。

国と企業や大学などが協力して、地域に密着した企業をつくる。

地方の財源を考える

地方自治体は、わたしたちがおさめている税金をつかって仕事をしています。この税金のきまりについて考えるのも、総務省の大事な仕事の一つです。

総務省の仕事

 地域の仕事に必要なお金

福祉や学校教育、消防・救急、ごみ処理、そして道路や河川の整備など、わたしたちの身近にある行政サービスの多くは、市区町村や都道府県などの地方自治体が受けもっています。

地方自治体は日本に約1700ありますが、その多くは十分なお金を集められない市町村です。もしも、みなさんが住む町のお金がたりなくなってしまったら、学校でも福祉でも、満足する行政サービスが受けられなくなってしまうかもしれません。

地方自治体がになう役割にあったお金を確保することは、介護や医療、子育て対策などを進めていくうえで、今後ますます重要になってきます。

総務省は、経費の削減などで地域の財政を健全にしようとしているよ。

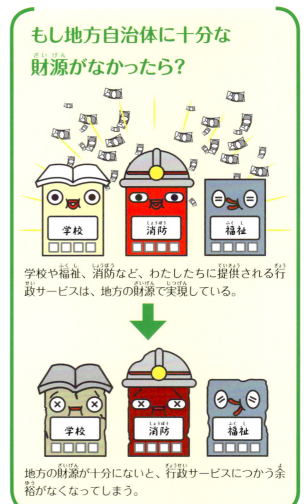

もし地方自治体に十分な財源がなかったら?

学校や福祉、消防など、わたしたちに提供される行政サービスは、地方の財源で実現している。

地方の財源が十分にないと、行政サービスにつかう余裕がなくなってしまう。

地方税の充実をはかる

地方自治体の重要な収入となっているのが、その地域に住む住民などが負担している「地方税」です。総務省は、地方税についてのきまりを定めた「地方税法」を管理しています。

国民が負担している国税（国におさめる税）と地方税の比率は約3対2になっていますが、地域間で行政サービスに格差が出ないようにするため、国税の一部を地方交付税（つかいみちがきめられていない財源）や国庫支出金（つかいみちがきめられている財源）として地方に交付しています。その結果、最終的に国と地方がつかえるお金の額は約2対3と逆転します。

総務省は、地域ごとに格差があったり、景気のよし悪しで税収が年によってかわったりしても、地方自治体がかわらず行政サービスをおこなっていけるよう、地方交付税などによって地方がつかえるお金をふやしています。

また、総務省は国と地方の役割分担をふまえて、地方税法を改正するなどして、地方の収入が安定するようにつとめています。

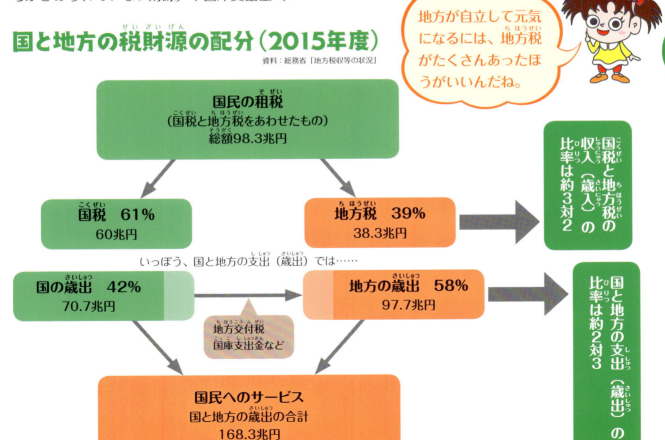

国と地方の税財源の配分（2015年度）

資料：総務省「地方税収等の状況」

地方が自立して元気になるには、地方税がたくさんあったほうがいいんだね。

総務省の仕事

地域の安心・安全をささえる　消防庁

総務省の中には、「消防庁」という役所があります。消防庁は、火事などの災害からわたしたちを守ってくれる全国の消防機関をまとめる役割をもっています。

総務省の仕事

全国の消防の仕事を助ける

日本では、市町村によって全国に733の消防本部が設置され、消防職員約16万人、消防団員約86万人が協力して災害に対応しています。消防団とは、ふだんはほかの仕事をしている市民が、災害時に消防団員となって消防活動をおこなう機関です。

こうした日本の消防をまとめる役割をもっているのが、総務省の中にある「消防庁」です。

消防庁は、消防職員が安全で効率的に仕事をおこなえるように、技術向上を手助けしたり、必要な施設・装備や人員の方針をきめたりしています。また、女性や学生、地方公務員などはば広い層に消防団へ入ってもらえるよううながすほか、装備・教育訓練などの充実にもとりくんでいます。

大規模災害が発生した緊急時には、災害対策本部を設置し、災害情報をとりまとめたり、「緊急消防援助隊」を派遣したりするのも消防庁の仕事です。緊急消防援助隊は、さまざまな災害に対応できるよう役割ごとに編成された部隊です。2011年の東日本大震災、2016年の熊本地震などでも活躍しました。

> 地域住民と市町村、都道府県との連携で、消防はなりたっているんだ。

平常時と緊急時の消防体制

平常時

消防庁が「縁の下の力もち」になって消防行政をささえる。

緊急時

消防庁が「司令塔」になって災害対応にあたる。

テロや武力攻撃から国民を守る

消防庁の仕事は、災害への対応だけではありません。たとえば、大規模テロや武力攻撃がおきた場合、国や地方自治体は連携・協力して国民の安全確保に努める必要があります。

そんなときに、消防庁は警報や避難指示を通知したり、住民が無事かどうかの情報を集めて提供したりします。また、消防の応援の指示のほか、国の対策本部と地方自治体の連携を調整する役割をになっています。

消防庁は2004年から、北朝鮮のミサイル発射情報や地震、津波情報など緊急情報を国民に伝える全国瞬時警報システム（Jアラート）の整備を進めています。緊急情報を人工衛星など

テロを想定して東京都心でおこなわれた救助訓練。

を通じて送信し、各市区町村の防災無線などを自動的に起動することで、人手をつかわずに瞬時に伝達することができるシステムです。

すべての住民が災害情報をすばやく受けとれる体制をつくるとともに、地方自治体による訓練の支援、国民を守るしくみの強化などにもとりくんでいます。

総務省の仕事

> Jアラートは、人の手をつかわずに緊急情報を国民に知らせるシステムなんだ。

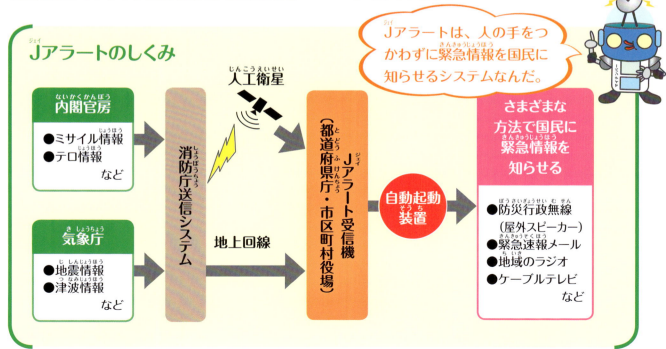

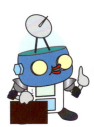

そのほかの総務省の仕事

「明るい選挙」を応援する

選挙は、国民が政治に参加するためのもっとも重要なシステム。国民一人ひとりが主役となる日本の「民主主義」の中心となるものです。

わたしたち国民の意思が政治や行政に反映されるには、選挙が公正におこなわれることが大事です。そこで総務省は、国政や地方政治にしっかりと国民の意思が反映されるような選挙制度をつくることをめざしています。

国民が選挙に関心をもつようにはたらきかけることも、総務省のたいせつな仕事です。だれからもじゃまされずに、自分の考えで正しく投票する「明るい選挙」の推進につとめています。

また総務省は、有権者(投票の権利がある人)がより投票をしやすくしたり、開票を効率的におこなうために、電子機器をつかった「電子投票」の実施もサポートしています。

総務省の仕事

「明るい選挙」とは？

正しくない選挙	明るい選挙

お金をもらったり、人づきあいなどを優先して投票する人をきめてしまうと、公正な選挙にならないし、わたしたちの意思が政治に反映されない。	国民一人ひとりが、だれにもじゃまされずに自分の意思で一票を投じれば、わたしたちの意思が政治に反映され、政治に対する関心も高まる。

有権者にお金をはらって投票させるのは、犯罪なんだって！

地方公務員の幹部を育成

自治大学校は、優秀な地方公務員を育てるための学校なんだね！

総務省の機関の一つに、「自治大学校」（東京都立川市）があります。名称に「大学」ということばがついていますが、一般的な大学とはちがいます。地方公務員の仕事に役立つような研修をおこなう機関で、1953年に設立されたものです。

これまで自治大学校を卒業した研修生は6万人以上。卒業後は、全国の地方自治体のリーダーとして活躍しています。

また、自治大学校では、地方自治に関連する国内外の制度やその運営などについての研究もおこなっています。

自治大学校とは別に、市町村の幹部消防職員、消防団員に対する専門的で高度な教育訓練などをおこなう「消防大学校」もあります。

東京都立川市にある自治大学校。

総務省の仕事

恩給制度の管理

恩給制度は、日本でもっとも古い年金制度なんだ。

旧軍人（第二次世界大戦時までの軍人）などが仕事中に死亡した場合や、仕事によって病気やけがをして退職した場合に、本人やその遺族の生活をささえるために給付される年金制度を「恩給制度」といいます。

総務省はこの恩給制度をととのえる役割のほか、恩給を受けられるかどうかの判断、恩給証明書の発行、支払い額の計算や通知などの業務をになっています。

恩給受給者（恩給を受けている人）の平均年齢は、2016年3月現在で91.4歳と高齢になっているため、親切・ていねいな相談対応や、申請などの手続きの負担軽減にとりくんでいます。

総務省　データを見てみよう

総務省が5年に一度公表している「国勢調査」は、日本の「いま」を明らかにするとともに、未来の姿もうつしだします。国勢調査のおもな統計を調べてみましょう。

日本の人口はへりはじめている

国勢調査がはじまったのは、今から約100年前の1920年です。下のグラフは、1920年から2015年までの5年ごとの「日本の人口」をしめしたものです。

1920年を見てみると、日本の人口は5596万人となっています。意外かもしれませんが、当時の日本の人口はいまの半分以下しかなかったのです。

そして第二次世界大戦が終わった1945年以降、日本の人口は急激にふえていきます。

とくに1940年代後半と1970年代には、子どもの誕生が爆発的にふえた「ベビーブーム」とよばれる時期がありました。

日本の人口は、2010年に最大の1億2806万人となりましたが、2015年は少しへって1億2710万人となりました。日本は人口減少時代に入り、今後も人口がへりつづけると予測されています。

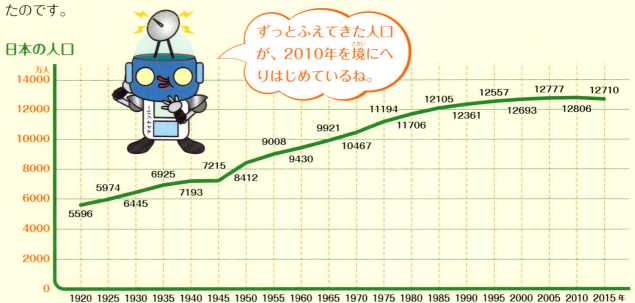

ずっとふえてきた人口が、2010年を境にへりはじめているね。

資料：総務省　国勢調査（平成27年）

若者がへってお年よりがふえた

下のグラフは、日本の人口を「15歳未満」「15〜64歳」「65歳以上」の3つに分け、その割合をしめしたものです。

1920年から2015年までを通して見ると、15歳未満がへりつづけ、そのかわりに65歳以上がふえているのがわかります。つまり、生まれる子どもがへってお年よりがふえる「少子高齢化」が進んでいるのです。

日本は、世界でもっとも高齢化が進んだ国です。65歳以上の人口の割合をおもな国とくらべた右のグラフを見てみましょう。世界では日本と同じく高齢化が進む国がたくさんありますが、日本はほかの国にくらべてとくにお年よりの割合がふえています。

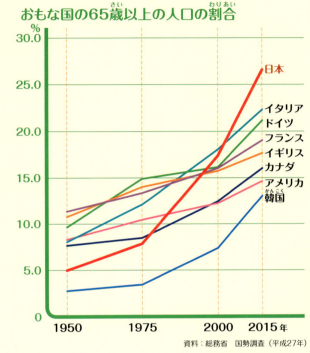

資料：総務省 国勢調査（平成27年）

日本はどの国よりもお年よりがふえているんだね。

総務省の仕事

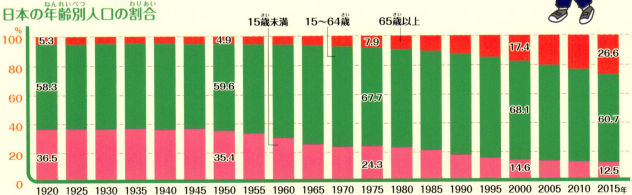

資料：総務省 国勢調査（平成27年）

日本では労働力がへっている

右のグラフは、1985年以降の日本の労働力人口（はたらくことができる人の数）を男女別に分けたものです。

2015年の女性の労働力人口は1985年にくらべて約343万人多くなっていますが、2005年以降はへりはじめています。いっぽう、男性は1985年にくらべて230万人もへっています。

少子高齢化の影響で、日本では労働力人口がへっています。今後も、日本のはたらき手はへりつづけると考えられています。

日本の労働力人口

日本では、労働力不足が深刻になってきているよ。

「家族」が小さくなっている!?

一つの住居で生計をともにする生活単位を「世帯」といいます。右のグラフは日本の世帯の数、折れ線グラフは1世帯あたりの人数をしめしたものです。

日本の世帯数は1995年以降ずっと増加して2015年には約5333万世帯となりましたが、1世帯あたりの人数はへりつづけています。

最近では高齢化によってお年よりの一人ぐらしがふえていて、大きな問題になっています。

日本の世帯数と1世帯あたりの人数

一人ぐらしがふえたことで1世帯あたりの平均人数もへっているんだね。

総務省の仕事

総務省 なんでもQ&A

これまでのページで学んだこと以外にも、総務省についてのいろいろな疑問をたずねてみましょう。

総務省は、いつ、どうやってできたの？

総務省が誕生したのは、2001年。自治省と総務庁の大部分と、郵政省が統合して発足したんだ。総務省はこれらの省庁の仕事を引きついでいるんだ。

マイナンバーって、子どもにもわりふられているの？

子どもでも、12けたのマイナンバーがわりふられているよ。赤ちゃんが生まれて、出生届を役所に出すときにマイナンバーがきまるんだ。

子どもでも消防に参加できるのかな？

全国各地に小学生から高校生までを対象にした「消防少年団」という組織があるよ。参加すれば、応急救護訓練や消火訓練、火災予防を広める手伝いなど、消防の知識を身につけることができるよ。

スマートフォンやパソコンを子どもがもつ場合、どんなことに注意すればいいの？

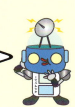

ゲームや動画など、子どもが夢中になりすぎてしまうものがたくさんあるし、気をつけないと犯罪にまきこまれてしまう可能性もあるんだ。だから、つかいはじめる前に、家族でルールをつくっておくことが大事だよ。

総務省の仕事

総務省のこと、もっと知りたいなら

総務省についてさらに深く知りたい人のために、総務省の仕事にかかわる本やホームページ、見学できる施設などを紹介します。

わからないことは、施設の人に問い合わせてみるのもいいね。

オススメの本

『よくわかる消防・救急』

坂口隆夫／著
PHP研究所

火事や事故などがおきたときにかけつけてくれる消防や救急。消防車や救急車などの装備とともに、その役割を紹介している。

オススメの施設

統計資料館
総務省にある統計局の誕生120周年を記念して1991年に開設された広報展示室。統計調査の歴史や、国勢調査をもとにした統計グラフなどを展示する。

住所：東京都新宿区若松町19-1　総務省第2庁舎敷地内
電話：03-5273-1187

消防博物館
東京消防庁の四谷消防署にある博物館。消防のしくみや災害に関する知識、江戸時代から現在までの消防の歴史などを学ぶことができる。

住所：東京都新宿区四谷3-10
電話：03-3353-9119

オススメのホームページ

総務省の仕事 for KIDS　ダイナソーゲーム
http://www.soumu.go.jp/menu_kyotsuu/kids
総務省の仕事を紹介するほか、行政相談や情報通信、統計などについても学べるサイト。

なるほど統計学園
http://www.stat.go.jp/naruhodo
統計データの調べかた、つかいかたなどが学べる子どもむけのサイト。クイズなども楽しめる。

消防博物館の展示。

さくいん

あ

ICT ……………………………… 34、35、42

明るい選挙 …………………………………… 48

e-stat ▶ 政府統計の総合窓口

沖縄開発庁 ……………………………………… 29

恩給制度 ………………………………………… 49

か

家計調査 ………………………………………… 40

行政相談 ………………………………………… 39

御璽 ……………………………………………… 16

緊急消防援助隊 ………………………………… 46

金融危機 ………………………………………… 18

金融庁 …………………………………… 18、19

宮内庁 …………………………………………… 16

勲章 ……………………………………………… 25

経済企画庁 ……………………………………… 29

経済財政政策 …………………………………… 10

経済財政白書 …………………………………… 11

経済センサス …………………………………… 40

警察庁 …………………………………… 14、15、27

警視庁 …………………………………………… 14

公正取引委員会 ………………………………… 24

国璽 ……………………………………………… 16

国事行為 ………………………………… 16、17

国勢調査 ………………………………… 40、50

国土庁防災局 …………………………………… 29

国内総生産 ▶ GDP

国民生活センター ……………………………… 21

個人情報 ………………………………… 22、23、29

さ

個人情報保護委員会 …………………… 22、23

個人情報保護法 ………………………… 22、23

国家公安委員会 ………………………………… 15

GDP ……………………………………………… 26

J アラート ……………………………………… 47

市場の番人 ……………………………………… 19

自治省 …………………………………………… 53

自治大学校 ……………………………………… 49

諮問 ……………………………………………… 10

首都直下型地震 ………………………………… 13

証券取引等監視委員会 ………………………… 19

少子高齢化 ……………………………… 34、51、52

正倉院 …………………………………………… 16

消費者庁 ………………………………… 20、21、28

消防少年団 ……………………………………… 53

消防大学校 ……………………………………… 49

消防団 …………………………………………… 46

消防庁 …………………………………… 46、47

叙勲 ……………………………………………… 25

政府統計の総合窓口 …………………………… 41

全国瞬時警報システム ▶ J アラート

総務庁 …………………………………………… 53

総理府 …………………………………………… 29

た

第二次世界大戦 ………………………………… 49

地域経済好循環推進プロジェクト …………… 43

地方税法 ………………………………………… 45

地方分権 ………………………………………… 42

電子自治体 …………………………………… 42

電子政府 ………………………………………… 36

電子投票 ………………………………………… 48

東京オリンピック・パラリンピック

………………………………………………… 35

統計ダッシュボード …………………………… 41

独占禁止法 ……………………………………… 24

独立行政法人 …………………………………… 37

な は

内閣総理大臣 …………………………… 8、10、12、

13、17

内閣府特命担当大臣 …………………………… 29

南海トラフ地震 ………………………………… 13

東日本大震災 …………………………… 13、46

文化勲章 ………………………………………… 25

ベビーブーム …………………………………… 50

北方領土 ………………………………………… 25

ま や ら

マイナンバー制度 ……………………… 23、36

マスタープラン ………………………………… 13

民主主義 ………………………………………… 48

郵政省 …………………………………………… 53

労働力調査 ……………………………………… 40

監修 出雲 明子（いずも あきこ）

1976年、広島県生まれ。国際基督教大学大学院行政学研究科博士課程修了。博士（学術）。現在、東海大学政治経済学部准教授。専門は、行政学および公務員制度論。おもな著書に、『公務員制度改革と政治主導―戦後日本の政治任用制』（東海大学出版部）、『はじめての行政学』（共著、有斐閣）など。

キャラクターデザイン・イラスト　いとうみつる

編集・制作　株式会社アルバ
編集・執筆協力　岩佐陸生
執筆協力　前原政之
表紙・本文デザイン　ランドリーグラフィックス
DTP　スタジオポルト
写真協力　環境省、アフロ、pixta、フォトライブラリー

いちばんわかる！日本の省庁ナビ 2
内閣府・総務省

2018年4月　第1刷発行

【監　修】出雲明子
【発行者】長谷川 均
【編　集】堀 創志郎
【発行所】株式会社ポプラ社
　　　　〒160-8565　東京都新宿区大京町 22-1
　　　　電 話：03-3357-2212（営業）03-3357-2635（編集）
　　　　振 替：00140-3-149271
　　　　ホームページ　www.poplar.co.jp（ポプラ社）
【印刷・製本】大日本印刷株式会社

ISBN 978-4-591-15726-8　N.D.C.317　55P　25cm　Printed in Japan

落丁・乱丁本は、送料小社負担でお取り替えいたします。小社製作部宛にご連絡ください。電話：0120-666-553　受付時間：月〜金曜日9：00〜17：00（祝日・休日は除く）。本書のコピー、スキャン、デジタル化等の無断複製は著作権法上での例外を除き、禁じられています。本書を代行業者等の第三者に依頼してスキャンやデジタル化することは、たとえ個人や家庭内での利用であっても著作権法上認められておりません。

全7巻
監修／出雲明子

いちばんわかる！
日本の省庁ナビ

1 政治のしくみ N.D.C.310
2 内閣府・総務省 N.D.C.317
3 法務省・外務省 N.D.C.317
4 財務省・文部科学省 N.D.C.317
5 厚生労働省・農林水産省 N.D.C.317
6 経済産業省・国土交通省 N.D.C.317
7 環境省・防衛省 N.D.C.317

- 小学高学年以上　●各55ページ　●セットN.D.C.317
- A4変型判　●オールカラー　●図書館用特別堅牢製本図書

★ポプラ社はチャイルドラインを応援しています★

こまったとき、なやんでいるとき、
18さいまでの子どもがかけるでんわ
チャイルドライン®
0120-99-7777
ごご4時〜ごご9時　＊日曜日はお休みです
電話代はかかりません　携帯・PHS OK

ナイカくん
内閣府

ホームはか
法務省

ソームぴょん
総務省

こうろうママ
厚生労働省

経済産業省
ケイサンダー

農林水産省
ノースイじい